AF220110

Hans-Peter Oswald:

Wann man Me-Domains
verwenden sollte …

Inhaltsverzeichnis

Vorwort

Alles Gute zum Geburtstag, liebes .me! Du wirst süße 15. Unsere Gäste erhalten zu deiner Geburtstagsfeier ein kostenloses SSL-Zertifikat, wenn Sie eine me-Domain bestellen.

Herzlichen Glückwunsch zum Geburtstag, liebes .me! Heute feiern wir den Jahrestag deiner Gründung und den Einfluss, den Du auf die digitale Welt gehabt hast. Als Top-Level-Domain-Name hast Du es Privatpersonen und Unternehmen ermöglicht, einzigartige und einprägsame Online-Identitäten zu schaffen.

Seit deiner Geburt im Jahr 2008 wurdest Du für Personal Branding, Portfolio-Websites und Online-Unternehmen verwendet. Du hast es Menschen ermöglicht, ihre Kreativität auszudrücken sowie ihre Fähigkeiten und Dienstleistungen der Welt zu präsentieren. Deine Vielseitigkeit hat Dich zu einer beliebten Wahl für Unternehmer, Blogger und Freiberufler gemacht, die ihre Online-Präsenz aufbauen wollen.

Neben dem praktischen Nutzen bist Du auch zu einem Symbol für persönliche Entfaltung und Selbstdarstellung geworden. Dein Name ermutigt Menschen, sich auf sich selbst, ihre Leidenschaften und ihre Ziele zu konzentrieren. Du erinnerst uns daran, dass es wichtig ist, die Verantwortung für unsere digitale Identität zu übernehmen und eine Plattform aufzubauen, die unsere einzigartige Persönlichkeit und unsere Werte widerspiegelt.

Deshalb feiern wir an Deinen Ehrentag alles, was du erreicht hast, und den Einfluss, den Du auf die digitale Landschaft hattest. Danke, dass Du uns die Möglichkeit gibst, uns online zu verwirklichen und auszudrücken. Herzlichen Glückwunsch zum Geburtstag, liebes .me!

Links:
https://www.domainregistry.de/me-domains.html
(Deutsch)

https://www.domainregistry.de/me-domain.html
(Englisch)

Kapitel 1: Einführung

Die Wahl der richtigen Domain ist ein entscheidender Faktor bei der Erstellung einer Webseite oder E-Mail-Adresse. Die me-Domain ist eine relativ neue Top-Level-Domain (TLD), die von Montenegro verwaltet wird und in den letzten Jahren an Beliebtheit gewonnen hat. In diesem Buch werden wir uns mit der Frage auseinandersetzen, wann es sinnvoll ist, eine me-Domain zu verwenden.

In diesem Buch werden wir uns mit der Bedeutung von Domains und der Entwicklung der me-Domain befassen. Wir werden auch die Gründe diskutieren, warum die Verwendung einer me-Domain sinnvoll sein kann und was die Vorteile gegenüber anderen TLDs sind.

Domains sind ein wichtiger Bestandteil des Internets und dienen als eindeutige Identifikatoren für Webseiten und E-Mail-Adressen. Die Wahl der richtigen Domain kann einen großen Einfluss auf den Erfolg einer Webseite oder E-Mail-Adresse haben.

Die me-Domain wurde im Jahr 2007 eingeführt und hat sich seitdem zu einer beliebten Option für Nutzer entwickelt.

Die große Besonderheit der Me-Domain ist, mit der sie sich von allen anderen Domains unterscheidet: Die me-Domain steht auch für das englische Pronomen "me" und wird gerade dadurch zu einer interessanten Alternative zu anderen TLDs wie .com, .net oder .org.

Es gibt viele Gründe, warum die Verwendung einer me-Domain sinnvoll sein kann. Einer der wichtigsten Vorteile ist die Möglichkeit, eine persönliche und individuelle Identität zu schaffen.

Durch die Verwendung der me-Domain können Nutzer ihre Persönlichkeit und ihre Identität in ihre Webseiten und E-Mail-Adressen integrieren. Darüber hinaus bietet die me-Domain eine gute Möglichkeit, sich von der Konkurrenz abzuheben und eine einzigartige Online-Präsenz zu schaffen.

Ein weiterer Vorteil der me-Domain ist ihre Verfügbarkeit. Im Gegensatz zu anderen TLDs wie .com oder .net, die oft überfüllt sind und nur schwer verfügbar sind, sind me-Domains in der

Regel leichter verfügbar. Das bedeutet, dass Nutzer die Möglichkeit haben, ihren bevorzugte Domainnamen zu wählen, ohne Kompromisse eingehen zu müssen.

In diesem Buch werden wir uns auch mit den Vor- und Nachteilen der me-Domain befassen und Alternativen diskutieren. Wir werden Tipps zur Verwendung von me-Domains geben und einen Ausblick auf die Zukunft der Domains werfen. Ziel ist es, dem Leser eine umfassende Entscheidungshilfe zu geben, ob die Verwendung einer me-Domain für seine Zwecke sinnvoll ist und welche Vor- und Nachteile damit verbunden sind

Kapitel 2: Was ist eine me-Domain?

Die me-Domain ist eine Top-Level-Domain (TLD), die von Montenegro verwaltet wird. Me-Domains wurden 2007 eingeführt und haben seitdem an Beliebtheit gewonnen, insbesondere als persönliche und individuelle Identität im Internet. In diesem Kapitel werden wir uns näher mit den Eigenschaften und Vorteilen von Me-Domains befassen.

Allgemeine Eigenschaften von me-Domains

Wie bei allen TLDs gibt es bestimmte Registrierungregeln, um eine me-Domain zu registrieren. Im Allgemeinen gibt es keine Einschränkungen bei der Registrierung von me-Domains und sie können von jeder Person oder Organisation weltweit registriert werden. Die Registrierung erfolgt über akkreditierte Registrare, die von der Regierungsbehörde von Montenegro zugelassen sind.

ICANN Registrar Secura ist beispielsweise so ein akkreditierter Registrar von me-Domains.

Eine wichtige Eigenschaft von me-Domains ist ihre Verfügbarkeit. Im Gegensatz zu anderen TLDs, wie .com oder .net, sind me-Domains in der Regel leichter verfügbar und können ohne Einschränkungen registriert werden. Dies bedeutet, dass Nutzer ihren bevorzugte Domainnamen wählen können, ohne Kompromisse eingehen zu müssen.

Eine weitere Eigenschaft von me-Domains ist ihre Flexibilität. Anders als bei anderen Länder-Domains, die oft auf bestimmte Regionen oder Länder beschränkt sind, ist die me-Domain in der Regel nicht an geografische Einschränkungen gebunden. Dies bedeutet, dass Nutzer weltweit eine me-Domain verwenden können, um ihre Webseiten oder E-Mail-Adressen zu erstellen.

Vorteile von me-Domains

Me-Domains bieten eine Vielzahl von Vorteilen für Nutzer. Einer der größten Vorteile ist die Möglichkeit, eine persönliche und individuelle Identität im Internet zu schaffen. Durch die Verwendung einer me-Domain können Nutzer ihre Persönlichkeit oder ihr Unternehmen auf eine einzigartige Weise präsentieren und sich von anderen Webseiten oder E-Mail-Adressen abheben.

Me-Domains bieten auch eine gute Möglichkeit, sich von der Konkurrenz abzuheben. Durch die Verwendung von Me-Domains können Nutzer ihre Webseiten oder E-Mail-Adressen besser beschreiben und den Inhalt besser kommunizieren. Dies kann dazu beitragen, dass Nutzer die Webseite oder die E-Mail-Adresse schneller finden und sich leichter daran erinnern.

Eine weitere Möglichkeit, Me-Domains zu nutzen, ist für Marken oder Unternehmen, die sich auf den Verkauf von Produkten oder Dienstleistungen konzentrieren. Durch die Verwendung einer Me-Domain können Unternehmen ihre Marke auf eine persönliche und individuelle Weise präsentieren und ihre Online-Präsenz stärken. Dies führt dazu, dass die Nutzer die Marke besser erkennen und ihr Vertrauen in das Unternehmen steigt.

Me-Domains bieten auch Vorteile in Bezug auf Suchmaschinenoptimierung (SEO). Die Verwendung einer me-Domain kann dazu beitragen, dass die Webseite besser in den Suchergebnissen erscheint und somit mehr

Traffic und Sichtbarkeit erhält. Wenn Nutzer nach Begriffen suchen, die mit der me-Domain zusammenhängen, kann die Verwendung der me-Domain dazu beitragen, dass die Webseite in den Suchergebnissen höher platziert wird, da die Suchmaschinen die Domain als relevant und passend für die Suchanfrage betrachten.

Zusammenfassend bietet die Verwendung einer me-Domain viele Vorteile für Nutzer, insbesondere in Bezug auf die Erstellung einer persönlichen und individuellen Identität im Internet.

Me-Domains sind flexibel und oft verfügbar, was es Nutzern ermöglicht, ihren bevorzugten Domainnamen ohne Einschränkungen zu wählen.

Durch die Verwendung einer me-Domain können Nutzer sich von der Konkurrenz abheben, ihre Online-Präsenz stärken und das Vertrauen der Nutzer in ihre Marke oder ihr Unternehmen erhöhen. Darüber hinaus können Me-Domains dazu führen, dass Webseiten besser in den Suchergebnissen platziert werden und somit mehr Traffic und Sichtbarkeit erhalten.

Kapitel 3: Vor- und Nachteile von me-Domains

Me-Domains haben in den letzten Jahren an Beliebtheit gewonnen, insbesondere als persönliche und individuelle Identität im Internet. Sie bieten jedoch nicht nur Vorteile, sondern auch Nachteile. In diesem Kapitel werden wir uns mit den Vor- und Nachteilen von Me-Domains befassen und genauer untersuchen, was sie zu bieten haben.

Vorteile von Me-Domains

1. Flexibilität: Me-Domains bieten eine hohe Flexibilität bei der Wahl der Domain-Namen. Sie sind nicht an geografische Einschränkungen gebunden und können von Nutzern weltweit registriert werden.
2. Verfügbarkeit: Me-Domains sind im Gegensatz zu anderen TLDs wie .com oder .net noch weitgehend verfügbar und können ohne Einschränkungen registriert werden. Dies bedeutet, dass Nutzer ihren bevorzugten Domainnamen wählen können, ohne Kompromisse eingehen zu müssen.
3. Personalisierung: Me-Domains bieten eine gute Möglichkeit, eine persönliche und

individuelle Identität im Internet zu schaffen. Durch die Verwendung einer Me-Domain können Nutzer ihre Persönlichkeit oder ihr Unternehmen auf eine einzigartige Weise präsentieren und sich von anderen Webseiten oder E-Mail-Adressen abheben.

4. Vertrauen: Me-Domains können dazu beitragen, dass Nutzer Vertrauen in die Webseite oder die E-Mail-Adresse aufbauen. Durch die Verwendung einer Me-Domain können Nutzer den Inhalt der Webseite oder der E-Mail-Adresse besser beschreiben und den Nutzern eine Vorstellung davon geben, was sie erwarten können.

5. SEO: Me-Domains bieten auch Vorteile in Bezug auf die Suchmaschinenoptimierung (SEO). Die Verwendung einer Me-Domain kann dazu beitragen, dass die Webseite besser in den Suchergebnissen erscheint und somit mehr Traffic und Sichtbarkeit erhält.

Nachteile von Me-Domains

1. Bekanntheit: Me-Domains sind im Vergleich zu anderen TLDs nicht so bekannt und

werden möglicherweise nicht so häufig gesucht. Dies kann dazu führen, dass Nutzer die Webseite oder die E-Mail-Adresse weniger oft finden und sich weniger daran erinnern.

2. Vertrauen: Obwohl Me-Domains Vertrauen aufbauen können, gibt es auch Nutzer, die die Verwendung von Me-Domains als unprofessionell betrachten können. Dies kann dazu führen, dass Nutzer die Webseite oder die E-Mail-Adresse weniger ernst nehmen.

Insgesamt bieten Me-Domains viele Vorteile, insbesondere in Bezug auf die Flexibilität bei der Wahl der Domain-Namen, die Verfügbarkeit und die Möglichkeit zur Personalisierung. Durch die Verwendung einer Me-Domain können Nutzer eine persönliche und individuelle Identität im Internet schaffen und ihre Marke oder ihr Unternehmen auf eine einzigartige Weise präsentieren. Darüber hinaus können Me-Domains dazu beitragen, dass Webseiten besser in den Suchergebnissen platziert werden und somit mehr Traffic und Sichtbarkeit erhalten.

Es ist jedoch auch wichtig zu beachten, dass Me-Domains auch einige Nachteile haben, wie z.B. die geringere Bekanntheit im Vergleich zu anderen TLDs und das Risiko, dass Nutzer die Verwendung von Me-Domains als unprofessionell betrachten. Es ist daher wichtig, abzuwägen, ob die Verwendung einer Me-Domain für die eigene Webseite oder E-Mail-Adresse sinnvoll ist und welche Vor- und Nachteile damit verbunden sind.

Letztendlich hängt die Wahl der Domain-Endung von den individuellen Bedürfnissen und Zielen des Nutzers ab. Wenn eine persönliche Identität im Internet oder eine starke SEO-Präsenz im Vordergrund steht, ist die Verwendung einer Me-Domain sinnvoll.

Kapital 4: Ihre Zielgruppe sitzt in Montenegro oder Sie stammen aus Montenegro

Die me-Domain ist als Länder-Domain von Montenegro die Domain erster Wahl, wenn Ihre Zielgruppe in Montenegro sitzt oder Sie selbst aus Montenegro stammen.

Eine Me-Domain kann bei Suchanfragen in Google, die Montenegro betreffen, Vorteile bieten, da sie eine Länder-Domain ist, die mit Montenegro assoziiert wird.

Wenn ein Nutzer eine Suchanfrage durchführt, die mit Montenegro in Verbindung steht, kann die Verwendung einer Me-Domain dazu beitragen, dass die entsprechende Webseite in den Suchergebnissen besser platziert wird. Google berücksichtigt die Domain-Endung bei der Platzierung von Suchergebnissen und kann Seiten mit Länder-Domains einen Vorteil geben, wenn die Suchanfrage auf das entsprechende Land bezogen ist.

Darüber hinaus kann die Verwendung einer Me-Domain auch führen, dass die Webseite in den lokalen Suchergebnissen besser platziert wird.

Wenn ein Nutzer in Montenegro nach bestimmten Dienstleistungen oder Produkten sucht, können Webseiten mit einer Me-Domain aufgrund der Länder-Domain bevorzugt behandelt werden und in den Suchergebnissen weiter oben erscheinen.

Es ist jedoch wichtig zu beachten, dass die Verwendung einer Me-Domain allein nicht ausreicht, um bei Google eine gute Platzierung in den Suchergebnissen zu erzielen. Auch andere Faktoren wie relevanter Inhalt, Nutzerfreundlichkeit, Backlinks und Aktualität der Webseite spielen eine Rolle bei der Platzierung von Suchergebnissen.

Insgesamt kann die Verwendung einer Me-Domain bei Suchanfragen, die Montenegro betreffen, Vorteile bieten und dazu beitragen, dass die entsprechende Webseite in den Suchergebnissen besser platziert wird. Es ist jedoch wichtig, dass auch andere Faktoren bei der Suchmaschinenoptimierung berücksichtigt werden, um eine gute Platzierung zu erzielen.

Kapitel 5: Sprechende Me-Domain als großartige Werbemöglichkeit

Sie sollten sich für eine Me-Domain entscheiden, wenn Sie Aufmerksamkeit erregen wollen.

Die Me-Domain ist besonders interessant, weil "me" ja auch im Englischen eine Bedeutung hat:
Get.me
Kiss.me
Register.me.

Man kann durch Kombinationen mit Verzeichnissen sinnvolle Sätze formulieren wie zum Beispiel:

http://www.meet.me/tomorrow

http://remember.me/Julie

Durch das Bilden solcher Sätze erhalten die Inhaber von Me-domains eine grossartige Werbemöglichkeit.

Die Registrierungsstelle ist sich der Attraktivität solcher Domains sehr bewusst. Daher werden die besonders populären Me-Domains als teure Premium-Domains angeboten. Für Firmen sollten die geforderten Preise kann unüberwindbares Hindernis sein, gegenüber Mitwettbewerbern durch eine attraktive Domain Punkte zu machen.

Me-Domains sind aber nicht nur interessant, wenn sie mit einem Grundwort verbunden werden. Auch Domains aus zwei Wörtern wirken durchaus überzeugend, weil sie eine höhere Merkfähigkeit durch Sinn aufweisen. Me-Domains bieten als Domainendung Sinn, was zum Beispiel De-Domains und Com-Domains in dieser Form nicht tun.

Me-Domains haben in den letzten Jahren an Beliebtheit gewonnen, da sie eine gute Möglichkeit bieten, eine persönliche und individuelle Identität zu schaffen. Eine der wichtigsten Eigenschaften von Me-Domains ist, dass sie als sprechende Domains verwendet werden können. In diesem Kapitel werden wir uns mit der Bedeutung von sprechenden Domains befassen und wie Me-Domains als sprechende Domains verwendet werden können.

Was sind sprechende Domains? Sprechende Domains sind Domains, die den Inhalt der Webseite oder der E-Mail-Adresse beschreiben oder auf sie hinweisen. Beispielsweise könnte eine Webseite, die sich auf Reisen in Europa spezialisiert hat, die Domain europe-travel.me verwenden. Sprechende Domains helfen Nutzern, den Inhalt der Webseite oder der E-Mail-Adresse besser zu verstehen, und können dazu beitragen, dass die Nutzer die Webseite schneller finden und sich besser daran erinnern.

Wie können Me-Domains als sprechende Domains verwendet werden? Me-Domains bieten eine gute Möglichkeit, als sprechende Domains verwendet zu werden. Durch die Verwendung von persönlichen Namen, Markennamen oder Schlagworten können Nutzer sprechende Me-Domains erstellen, die ihre Webseiten oder E-Mail-Adressen besser beschreiben.

Ein Beispiel wäre eine Fotografie-Webseite, die sich auf Landschaftsfotografie spezialisiert hat. Die Webseite könnte die Me-Domain landscape-photograph.me verwenden, um den Inhalt der Webseite besser zu beschreiben und den Nutzern eine Vorstellung davon zu geben, was sie auf der Webseite erwarten können.

Ein weiteres Beispiel wäre eine Personal Trainerin, die ihre Dienstleistungen online anbietet. Sie könnte die Me-Domain fitnesscoach.me verwenden, um den Inhalt ihrer Webseite besser zu beschreiben und den Nutzern eine Vorstellung davon zu geben, was sie von ihr erwarten können.

Die Verwendung von sprechenden Me-Domains kann auch dazu beitragen, dass Nutzer die Webseite besser im Gedächtnis behalten. Wenn eine Webseite eine Me-Domain verwendet, die den Inhalt der Webseite auf diese pfiffige Weise beschreibt, können Nutzer sich besser daran erinnern und schneller darauf zurückgreifen, wenn sie nach ähnlichen Inhalten suchen.

Vorteile von sprechenden Me-Domains

 Die Verwendung von sprechenden Me-Domains bietet viele Vorteile für Nutzer. Eine der wichtigsten Vorteile ist, dass sie dazu dienen, dass Nutzer den Inhalt der Webseite oder der E-Mail-Adresse schneller und besser verstehen.

Sprechende Me-Domains helfen auch dabei, dass die Nutzer die Webseite schneller finden und sich besser daran erinnern.

Darüber hinaus können sprechende Me-Domains dazu beitragen, dass Nutzer schneller Vertrauen aufbauen. Wenn eine Me-Domain verwendet wird, die den Inhalt der Webseite oder der E-Mail-Adresse beschreibt, können Nutzer davon ausgehen, dass die Webseite oder die E-Mail-Adresse seriös ist und den Inhalt liefert, den sie suchen.

Die Verwendung von sprechenden Me-Domains kann auch dazu führen, dass die Webseite oder die E-Mail-Adresse besser in den Suchergebnissen platziert wird. Wenn die Me-Domain die relevanten Schlagwörter oder Suchbegriffe enthält, können Suchmaschinen die Webseite oder die E-Mail-Adresse als relevanter und passender für bestimmte Suchanfragen betrachten und sie somit höher in den Suchergebnissen positionieren.

Ein weiterer Vorteil von sprechenden Me-Domains ist, dass sie die Marke oder das Unternehmen stärken. Wenn eine Me-Domain verwendet wird, die den Markennamen oder das Unternehmensschlagwort enthält, kann dies dazu beitragen, dass die Nutzer die Marke oder das Unternehmen besser erkennen und sich besser daran erinnern.

Die Verwendung von sprechenden Me-Domains bietet auch Vorteile in Bezug auf die Verbreitung von Webinhalten. Wenn Nutzer sprechende Me-Domains verwenden, die den Inhalt ihrer Webseiten beschreiben, können sie sicherstellen, dass die Nutzer die Inhalte schneller finden und sich besser daran erinnern. Dies hilft dabei , dass die Nutzer die Inhalte teilen und weitergeben, was wiederum dazu führt, dass die Webinhalte eine größere Reichweite erzielen.

Eine wichtige Überlegung bei der Verwendung von sprechenden Me-Domains ist, dass sie SEO-optimiert sein müssen, um eine bessere Platzierung in den Suchergebnissen zu erreichen. Dies bedeutet, dass die Me-Domains relevante Schlagwörter oder Suchbegriffe enthalten sollten, um von Suchmaschinen als relevant und passend für bestimmte Suchanfragen angesehen zu werden.

Insgesamt bieten Me-Domains eine gute Möglichkeit, als sprechende Domains verwendet zu werden. Sprechende Me-Domains können dazu beitragen, dass Nutzer den Inhalt der Webseite oder der E-Mail-Adresse schneller und besser verstehen und sich besser daran erinnern. Darüber hinaus unterstützen sprechende Me-Domains dabei, dass die Webseite oder die E-Mail-Adresse besser in den Suchergebnissen platziert wird und somit mehr Traffic und Sichtbarkeit erhält. Es ist jedoch wichtig zu beachten, dass sprechende Me-Domains SEO-optimiert sein müssen, um ihre volle Wirkung entfalten zu können.

Kapitel 6: Me-Domains als Domain für Mettmann

Sie sollten sich für die Verwendung von Me-Domains entscheiden, wenn Sie in Mettmann wohnen.

Viele Geschäftsleute und Privatpersonen aus Mettmann haben sich schon geärgert: Ihr Wunschname unter **.com** und **.de** ist nicht mehr verfügbar. Er wurde weggeschnappt.

Jeder Internet-Nutzer aus Mettmann und Kreis Mettmann hat eine zweite Chance verdient: Hier ist sie - die me-domain.

Die me-Domains sind für Mettmann wie gemacht.

"Me" ist das Kürzel für Kreis Mettmann und für Stadt Mettmann. "ME" ist auch das offizielle KFZ-Kennzeichen von Mettmann.

Experten sehen in der me-Domain die optimale Domain für Mettmann.

Viele Namen sind unter den me-domains noch

frei. Nur: Wer zu lange wartet, verpasst auch hier seine zweite Chance. Denn: Wer zu spät kommt, denn bestraft das Leben....

Kapitel 7: Me-Domains – für Dialekte wie gemacht

In Kapitel 3 haben wir schon gezeigt, dass me-Domains als sprechende Domains auffallen können.

Sie können auch einen Werbeerfolg erzielen, wenn Sie me-Domains für Ausdrücke und Formulierungen aus Dialekten verwenden.

Man sagt in Bayern: Hosd mi? oder auch Hosd me? Manchen schreiben das auch als host mi...

Es heißt immer soviel wie: Hast du mich verstanden?

Mit Hilfe der me-domains lassen sich Sätze und Ausdrücke des bayerischen Dialekts wie hosd.me registrieren.

Im Plattdeutschen heißt "mich" auch "mi". Sie können sich solche Domainname wie "da-hoeg-ick.me" holen.

Das ist nun nicht nur eine Gelegenheit für Dialekt-Anhänger, sondern für alle, die aus kommerziellen Gründen aus dem Meer der Internet-Domains hervorstechen wollen.

Ein pfiffiger Internet-Auftrittt im bayerischen Dialekt, zum Beispiel eines Verlages, kann mit der passenden Domain unter .me zu einer viralen Werbung werden.

Kapitel 8: Domain Hack mit .me als Werbe-Gag

Eine weitere Möglichkeiten me-Domains werblich einzusetzen sind Domain Hacks.

Ein Domain-Hack ist ein auffälliger Domain-Name, der Domain-Ebenen, insbesondere die Top-Level-Domain (TLD), kombiniert, um den vollständigen „Namen" oder Titel der Domain zu buchstabieren und eine Art Wortspiel zu machen. Ein Domain-Hack hat nichts mit dem Hacken einer Domain oder Website zu tun.

Der "Hack" stellt einen Trick dar (wie beim Programmieren), nicht einen Exploit oder Einbruch (wie bei der Sicherheit). Domains wie .as, .it, .me , .to, .is und .us sind einfach als Domain-Hacks zu verwenden, da sie kurzen, einfachen Wörterbuchwörtern entsprechen.

Der gesamte Domainname wird so gewählt, dass die letzten Zeichen mit einer bestehenden Top-Level-Domain übereinstimmen, wie z. B. "inter.net", sodass jedes Zeichen zur Bildung des gemeinsamen Namens verwendet wird.

Ein bekanntes Beispiel für einen Domain Hack ist goo.gle.

Me-Domains mit ihrer universellen Anziehungskraft haben eine hohe Nachfrage. Sie eignen sich sehr gut für sogenannte "Domain Hacks".

Solche Domains sind zum Beispiel möglich:

Kosena.me

Einnah.me

Hier finden Sie über 4800 deutsche Wörter, die auf me enden:

https://www.buchstaben.com/me-am-ende

Oder Beispiele für englische Begriffe:

overco.me
lifeti.me
syndro.me
meanti.me
overti.me

handso.me

Mit diesem Tool finden Sie zahlreiche englische Wörter, die auf me enden:

https://www.wordmine.info/

Kapitel 9: Tipps für die Verwendung von me-Domains

Me-Domains bieten viele Vorteile für Nutzer, insbesondere in Bezug auf die Flexibilität bei der Wahl der Domain-Namen und die Möglichkeit zur Personalisierung. In diesem Kapitel werden wir uns einige Tipps ansehen, die Nutzern helfen können, das Beste aus ihrer me-Domain herauszuholen.

1. Wählen Sie einen prägnanten und beschreibenden Domain-Namen: Ein prägnanter und beschreibender Domain-Namen hilft dabei, dass die Webseite oder die E-Mail-Adresse besser zu finden und den Inhalt besser zu kommunizieren. Vermeiden Sie zu lange oder schwer zu merkende Domain-Namen und achten Sie darauf, dass sie den Inhalt der Webseite widerspiegeln.

2. Verwenden Sie die me-Domain als sprechende Domain: Me-Domains bieten die Möglichkeit, relevante Schlagwörter oder Suchbegriffe in der Domain zu integrieren. Nutzer sollten dies nutzen, um ihre Webseite oder ihre E-Mail-Adresse

besser zu beschreiben und ihre SEO-Präsenz zu stärken.

3. Verwenden Sie die me-Domain als persönliche Identität: Me-Domains bieten eine gute Möglichkeit, eine persönliche und individuelle Identität im Internet zu schaffen. Nutzer sollten dies verwenden, um sich von anderen Webseiten oder E-Mail-Adressen abzuheben und eine starke Online-Präsenz aufzubauen.

4. Vermeiden Sie Markenrechtsverletzungen: Nutzer sollten bei der Wahl ihres Domain-Namens sicherstellen, dass er keine Markenrechtsverletzungen enthält. Andernfalls können rechtliche Probleme entstehen.

5. Nutzen Sie Social-Media-Plattformen: Social-Media-Plattformen wie Facebook, Instagram und Twitter bieten eine Möglichkeit, die eigene Online-Präsenz zu stärken und mehr Traffic auf die Webseite oder die E-Mail-Adresse zu lenken. Nutzer sollten ihre me-Domain auf ihren Social-Media-Profilen teilen, um ihre Marke oder ihr Unternehmen zu bewerben.

6. Wählen Sie eine me-Domain, die man leicht erinnern kann: Ein leicht zu merkender Domain-Namen kann helfen, dass Nutzer die Webseite oder die E-Mail-Adresse schneller finden und sich besser daran erinnern. Nutzer sollten daher darauf achten, dass ihre me-Domain leicht auszusprechen und zu merken ist.

7. Nutzen Sie die me-Domain für gezielte Kampagnen: Me-Domains bieten eine gute Möglichkeit, gezielte Kampagnen zu erstellen, indem sie spezifische Schlagwörter oder Themen in der Domain integrieren. Nutzer sollten dies nutzen, um ihre Zielgruppe anzusprechen und ihre Online-Präsenz zu stärken.

8. Verwenden Sie SSL-Zertifikate: SSL-Zertifikate sind wichtig für die Sicherheit der Webseite und können dazu beitragen, dass die Nutzer die Webseite als vertrauenswürdig empfinden. Nutzer sollten daher darauf achten, dass ihre me-Domain über ein SSL-Zertifikat verfügt.

Es ist jedoch auch wichtig zu beachten, dass die Verwendung einer me-Domain nicht allein ausreicht, um eine erfolgreiche Online-Präsenz aufzubauen. Nutzer sollten auch eine ansprechende und informative Webseite oder E-Mail-Adresse erstellen, hochwertigen Inhalt bereitstellen und Social-Media-Plattformen nutzen, um ihre Marke oder ihr Unternehmen zu bewerben. Die Verwendung einer me-Domain kann jedoch dabei helfen, dass Nutzer ihre Online-Präsenz stärken und sich von der Konkurrenz abheben können.

Es ist auch wichtig zu beachten, dass die Verwendung einer me-Domain nicht immer die beste Wahl ist. Wenn Nutzer eine starke Markenbildung oder einen professionellen Eindruck benötigen, sollten sie möglicherweise eine andere TLD in Betracht ziehen. Es ist daher sinnvoll, wenn der Nutzer seine dindividuellen Bedürfnisse und Ziele gründlich analysiert, bevor er sich für eine me-Domain entscheidet.

Insgesamt bietet die Verwendung einer me-Domain viele Vorteile, insbesondere in Bezug auf die Flexibilität bei der Wahl der Domain-Namen, die Personalisierung und die SEO-Präsenz. Durch die Verwendung von prägnanten und beschreibenden Domain-Namen, die Integration relevanter Schlagwörter oder Suchbegriffe, die Nutzung von Social-Media-Plattformen und die Sicherstellung der Sicherheit durch SSL-Zertifikate können Nutzer das Beste aus ihrer me-Domain herausholen und ihre Online-Präsenz stärken.

Kapitel 10: Zusammenfassung

In diesem Buch haben wir uns mit dem Thema me-Domains auseinandergesetzt und untersucht, wann es sinnvoll ist, sie zu verwenden.

Wann sollten Sie me-Domains verwenden:

1. Sie haben Ihre Zielgruppe in Montenegro oder stammen aus Montenegro
2. Sie verwenden sprechende me-Domains als Werbemöglichkeit
3. Sie kommen aus Mettmann und nutzen Me-Domains als Domains von Mettmann
4. Sie benützen Me-Domains mit Ausdrücken von bayerischen und anderen Dialekten als Werbemöglichkeit
5. Sie nutzen me-Domains mit Domain Hacks als Werbemöglichkeit

Wir haben die Vorteile von me-Domains als sprechende Domains und als Länder-Domain diskutiert, sowie Tipps gegeben, wie Nutzer das Beste aus ihrer me-Domain herausholen können.

In diesem Kapitel werden wir eine Zusammenfassung der wichtigsten Erkenntnisse und Argumente geben.

Eine me-Domain bietet viele Vorteile, insbesondere in Bezug auf die Flexibilität bei der Wahl der Domain-Namen und die Möglichkeit zur Personalisierung. Me-Domains können auch dazu beitragen, dass Webseiten besser in den Suchergebnissen platziert werden und somit mehr Traffic und Sichtbarkeit erhalten. Darüber hinaus bieten sie eine gute Möglichkeit, eine persönliche und individuelle Identität im Internet zu schaffen.

Es ist jedoch auch wichtig zu beachten, dass die Verwendung einer me-Domain nicht immer die beste Wahl ist. Wenn Nutzer eine starke Markenbildung oder einen professionellen Eindruck benötigen, sollten sie möglicherweise eine andere TLD in Betracht ziehen. Die Verwendung einer me-Domain kann unter Umständen auch zu Markenrechtsverletzungen führen und von einigen Nutzern als unprofessionell angesehen werden.

Die Verwendung einer me-Domain als sprechende Domain kann jedoch dazu beitragen, dass die

Webseite besser in den Suchergebnissen platziert wird und somit mehr Traffic und Sichtbarkeit erhält. Durch die Verwendung einer prägnanten und beschreibenden Domain-Namen, die Integration relevanter Schlagwörter oder Suchbegriffe und die Nutzung von Social-Media-Plattformen können Nutzer das Beste aus ihrer me-Domain herausholen.

Als Länder-Domain bietet die me-Domain Vorteile für Nutzer, die mit Montenegro in Verbindung stehen. Nutzer können ihre Verbindung zu Montenegro durch die Verwendung einer me-Domain ausdrücken und das Vertrauen der Nutzer in ihre Webseite oder ihre E-Mail-Adresse stärken. Darüber hinaus können sie von den geringeren Registrierungsgebühren und der Verfügbarkeit profitieren.

Zusammenfassend bietet die Verwendung einer me-Domain viele Vorteile, insbesondere in Bezug auf die Flexibilität bei der Wahl der Domain-Namen, die Personalisierung und die SEO-Präsenz. Die Verwendung einer me-Domain als sprechende Domain und als Länder-Domain kann dazu dienen, dass Nutzer ihre Online-Präsenz stärken und sich von der Konkurrenz abheben.

Es ist jedoch wichtig, die individuellen Bedürfnisse und Ziele des Nutzers zu berücksichtigen, bevor man sich für eine me-Domain entscheidet.

Kapitel 11: Ausblick

In diesem Kapitel wollen wir einen Ausblick auf die zukünftige Entwicklung von Me-Domains werfen und wie sich ihre Verwendung möglicherweise ändern wird. Dabei werden wir uns auf die Technologieentwicklung, die rechtlichen Aspekte und die globale Marktentwicklung konzentrieren.

Technologieentwicklung: Die Technologieentwicklung wird weiterhin die Verwendung von Me-Domains unterstützen. Die Verwendung von Me-Domains als sprechende Domains wird sich weiter etablieren, da Suchmaschinen immer mehr Wert auf relevanten Inhalt legen. Eine me-Domain kann eine Webadresse viel einprägsamer und verständlicher machen, als andere TLDs. Mit der zunehmenden Verbreitung von Online-Plattformen und der Entwicklung neuer Technologien werden Nutzer auch in Zukunft weiterhin nach personalisierten und einprägsamen Domain-Namen suchen, um sich von der Konkurrenz abzuheben.

Rechtliche Aspekte: Wie bei allen anderen Domain ist es wichtig, dass Nutzer bei der Wahl ihres

Domain-Namens keine Markenrechtsverletzungen begehen.

Globale Marktentwicklung: Die Verwendung von Me-Domains wird vor allem in Montenegro und den angrenzenden Regionen wird weiter zunehmen. Durch gezielte Marketing-Kampagnen und die Zusammenarbeit mit lokalen Unternehmen und Organisationen kann die Bedeutung von Me-Domains weiter gestärkt werden.

In anderen Teilen der Welt können andere TLDs beliebter sein und es ist wichtig, die lokale Marktsituation bei der Wahl der Domain-TLD zu berücksichtigen.

Zukünftige Entwicklungen: Es ist möglich, dass in Zukunft neue TLDs auf den Markt kommen werden, die noch personalisierter und spezifischer sind als me-Domains. Nutzer sollten daher immer auf dem Laufenden bleiben und die Entwicklungen im Bereich der TLDs im Auge behalten, um die besten Entscheidungen für ihre Online-Präsenz zu treffen. Die Verwendung von me-Domains wird jedoch auch in Zukunft eine wichtige Rolle im Bereich der Domain-Registrierung spielen.

Zusammenfassend lässt sich sagen, dass die Verwendung von me-Domains viele Vorteile bietet und auch in Zukunft eine wichtige Rolle im Bereich der Domain-Registrierung spielen wird. Es ist jedoch wichtig, die Vor- und Nachteile abzuwägen und sicherzustellen, dass die Verwendung einer me-Domain den individuellen Bedürfnissen und Zielen entspricht. Nutzer sollten auch immer auf dem Laufenden bleiben, um die neuesten Entwicklungen im Bereich der TLDs zu verfolgen und ihre Online-Präsenz entsprechend anzupassen.

Weitere Bücher von Hans-Peter Oswald zu Domains, im Buchhandel und bei https://www.bod.de/buchshop/ erhältlich:

So verkaufen Sie erfolgreich Domains

Warum Sie eine com-Domain für Ihre internationale Webseite verwenden sollten

Warum Sie eine De-Domain für Ihre Webseite verwenden sollten

Berlin-Domain - eine erste Adresse Deutschlands

Blockchain-Domains: Wie sie nützen und wie Marken schützen

Radio-Domain: Die Domain für Internet-Radios, Amateurfunker und Rundfunksender

Die Swiss-Domain - die zweite Länder-Domain der Schweiz

Warum Sie eine Forum-Domain für Ihr Internet-Forum verwenden sollten

Warum Sie Koeln-Domains und Cologne-Domains
für Ihre Köln-Webseiten verwenden sollten.

Anmeldung von Marken beim Trademark
Clearinghouse

Chancen und Gefahren der NEUEN TOP LEVEL
DOMAINS

Impressum:
Bibliografische Information der Deutschen Nationalbibliothek:
Die Deutsche Nationalbibliothek verzeichnet diese Publikation in der Deutschen Nationalbibliografie; detaillierte bibliografische Daten sind im Internet über dnb.dnb.de abrufbar.

Copyright: © Hans-Peter Oswald 2023

Herstellung und Verlag: BoD – Books on Demand, Norderstedt

ISBN Nummer: 9783756834952

MIX
Papier aus verantwortungsvollen Quellen
Paper from responsible sources
FSC® C105338

FSC
www.fsc.org